AF257241

MISSION ACTUELLE

DES

OUVRIERS

———

DEUXIÈME ÉDITION

PARIS

E. DENTU, LIBRAIRE-ÉDITEUR

PALAIS-ROYAL, GALERIE D'ORLÉANS

———

1882

MISSION ACTUELLE

DES OUVRIERS

MISSION ACTUELLE

DES

OUVRIERS

PARIS

E. DENTU, LIBRAIRE-ÉDITEUR

PALAIS-ROYAL, GALERIE D'ORLÉANS

—

1882

MISSION ACTUELLE

DES OUVRIERS

Mes enfants,

Permettez-moi de vous appeler ainsi, car, à force d'avoir travaillé, médité, retourné dans tous les sens bien des questions, bien des problèmes, je me sens vieux par l'observation et l'expérience, et veux léguer aux plus déshérités ce que mes travaux auront pu me faire découvrir.

J'ai lu tous les économistes du siècle, je sais par cœur tous leurs dogmes :

Capital, Travail, Échange, Agriculture, Industrie, Commerce, etc.

Ils cherchent les vraies lois d'une science nouvelle et nécessaire; mais ils ne les ont pas encore trouvées.

Leurs doctrines tendent à la liberté, à laisser la richesse se créer et se répandre sans entraves.

C'est quelque chose pour ceux qui ont le moyen d'être libres; mais, pour les pauvres, la liberté n'est qu'un vain mot, s'ils n'ont pas la possibilité d'en user.

Aussi, depuis le comte Henri de Saint-Simon, toute une autre légion de penseurs et de chercheurs a pâli sur le problème de la pauvreté.

Je les ai tous lus, et je vous dirai d'eux, comme des économistes :

Ils cherchent, mais ils n'ont pas trouvé les vrais moyens.

Le seul remède sur lequel ils aient cru mettre la main est pire que la maladie, c'est la politique et le Gouvernement.

Leur doctrine, en opposition avec celle des économistes, en appelle à la force contre les lenteurs de la liberté, appel dangereux, pour vous comme pour tous, car il mène droit au Césarisme et à tout ce qui s'en suit.

« Laissez la richesse se créer et se répandre librement,
« disent les économistes. »

« Forcez la richesse à se répandre équitablement, disent
« les socialistes. »

Mais où est la force qui doit contraindre les sources de la richesse à couler avec plus d'abondance, à se répandre avec plus d'équité ?

A qui demander ce cours forcé ?

Au Pouvoir exécutif ? A l'État ?

Tout prétendant dynastique, tout révolutionnaire ambitieux vous répondra affirmativement, et, soit César, soit député, jouera ainsi du socialisme à vos dépens, pour s'affermir ou parvenir, en supprimant la liberté à son profit.

Vous n'y gagnerez rien ni la Patrie non plus : l'Histoire est là pour vous le certifier.

Entre ces deux écoles, l'une de liberté, l'autre de despotisme, se place une école mixte, favorable à la liberté des rapports du capital et du travail, contraire à la liberté des échanges.

C'est l'école des protectionnistes, et vous n'en attendez pas grand'chose.

Que voulez-vous, au fond?

On a beau vous prêter les intentions les plus subversives et les plus noires : vos désirs sont légitimes et clairs, quand les ambitieux de la politique ne s'en mêlent pas pour vous exploiter, vous, ou l'ignorance pusillanime des conservateurs.

Vous voulez que, pour vous comme pour tous, le travail ait un but, et qu'il porte ses fruits.

Vous voulez qu'il vous donne un peu d'aisance, d'indépendance, votre part de dignité et de repos pour les vieux jours.

Vous voulez que votre lendemain, celui de vos femmes et de vos enfants, soient assurés contre tout ce qui n'est pas votre faute, contre le chômage, contre la maladie, etc.

La Religion chrétienne vous a donné les mêmes espérances, les mêmes promesses qu'aux plus riches; la révolution civile de 1789 a mis vos espérances dans le droit commun ; mais tant que la Science n'a point passé par là, tout cela reste encore bien vague, et vos besoins sont très précis.

C'est pourquoi, voyant que ni les économistes, ni les socialistes, ni les protectionnistes ne vous donnaient, en fin de compte, ce que vous vouliez, vous n'avez plus compté que sur vos forces coalisées, et, vous appuyant sur elles pour défendre vos droits et vos intérêts, vous avez voulu vendre librement votre travail.

De là, l'Internationale, les grèves, les congrès ouvriers, le collectivisme enfin.

Je crois la liberté bonne à tout, et aucun sage, aucun savant, aucun Chrétien ne peut vous reprocher de chercher par elle l'amélioration de votre sort, et, en vous-mêmes, dans votre solidarité mutuelle, de trouver votre force première de résistance, votre premier point d'appui plus accessible et moins dangereux que le Gouvernement.

Prenez garde cependant que les politiciens ne se mêlent encore de vos affaires, pour faire les leurs, et pas les vôtres.

On a répété à satiété que la question des grèves, cette Bourse des salaires ouvriers, était le signe d'un antagonisme haineux entre le capital et le travail ; et la réaction de crier vers l'État et de demander un sabre, et les révolutionnaires de réclamer le Gouvernement et les portefeuilles.

Capital, Travail, voilà pourtant deux mots qui renferment tant de choses que, pour les définir toutes convenablement, il faudrait un gros volume écrit avec une méthode rigoureuse et une science à créer de pied en cap.

On a trouvé plus simple de ne rien définir scientifiquement, de faire de ces deux mots des espèces de dogmes comme les théologiens, de les opposer entre eux, et, à la place des idées, de mettre des passions politiques.

Réactionnaires et révolutionnaires, les politiciens n'ont pas manqué de profiter de l'aubaine que leur offrait, à vos dépens, ce prétendu dualisme du capital et du travail, et ce n'est pas fini.

De quoi s'agit-il donc cependant, si ce n'est d'un libre débat entre vos besoins et la caisse des usines ?

Vos besoins ont un cours, puisque le vivre, le vêtement, le logement peuvent renchérir, et renchérissent partout de plus en plus.

Les riches ayant pour leurs valeurs une Bourse, un cours, une cote, vous en voulez tout autant pour vos valeurs à vous, qui sont au bout de vos bras et de vos outils.

Rien de plus simple, de plus clair et qui nécessite moins l'intervention de l'État, du sergent de ville, du gendarme et du politicien de droite ou de gauche, tant que ce libre débat ne devient pas une querelle armée.

Est-ce que le Gouvernement arrête la maison Rothschild, le jour où il lui plaît de faire hausser une valeur à sa convenance, ou tomber une valeur qui la gêne, quitte à créer sur le marché un désarroi plus ou moins grand?

Est-ce que l'État arrête la spéculation sur les terrains ou celle des intermédiaires qui achètent, pour les revendre majorés, les viandes, les blés, les vins de l'intérieur et du dehors ?

Votre liberté doit être exactement la même, quand, pour tirer parti de votre genre de capital, vous vous faites forts de votre collectivité, et employez l'héroïque moyen des grèves, sans vous méfier assez toutefois des intermédiaires et des politiciens qui s'en mêlent.

C'est affaire entre vous et la caisse des usines, et rien de plus ; c'est une querelle de famille entre deux ordres de capitalistes et de travailleurs : l'ouvrier et l'usinier.

Tant pis pour l'usinier, s'il ne sait pas, ne veut pas, ou ne peut pas être le père de famille de ses ouvriers.

S'il n'est pas dans son devoir social, vous êtes dans votre droit économique, et vive la liberté, si votre solidarité vous permet de vous en servir pour améliorer votre sort momentanément.

Cependant remarquez bien que l'usinier a deux forces à

son service, en dehors de la vôtre : la science et la finance qu'il applique à son industrie.

L'une et l'autre sont du travail en application, en même temps que du capital en travail.

Loin de croire que ces deux forces doivent vous demeurer antagoniques, je crois que, dans le fond, elles sont, et que, dans un cours normal des choses, elles seront de plus en plus vos alliées naturelles, les instruments précis, qui vous aideront le plus puissamment à faire des espérances que vous a données le Christianisme, une réalité, des droits que vous a donnés la révolution civile de 1789, un fait régulièrement accompli.

Je crois cela, scientifiquement, certainement, pour des motifs nombreux, dont le rigoureux enchaînement dépasserait le cadre trop étroit de cette lettre.

C'est pourquoi je regarde votre débat avec les usiniers comme une dispute de frères, purement économique, devant aboutir à de bons traités de paix ; car, au fond, vous ne voulez pas autre chose.

C'est pourquoi aussi j'attends d'une meilleure organisation de la Science enseignée, de la Loi civile, de la Finance et de l'Industrie nationales, la solution de ce terrible problème, qu'il faut demander, non à l'État, comme les socialistes, mais à la liberté, comme je vous l'indiquerai.

L'État ne peut rien vous donner que les trente sous par jour de la Commune de Paris, mais en faisant de vous les soldats et les victimes de la guerre civile.

Et quand même il vous donnerait le Grand Livre, vous n'en seriez pas plus riches pour cela, car la Nation ayant fait banqueroute ne pourrait plus donner à personne, ni travail, ni capital, ni service quelconque d'intérêts.

Ce n'est pas ce que je vous souhaite, ni à vous, ni à

votre pays, ni à aucun État du monde, quels que soient ses malheurs ou ses péchés.

Bien des réformes, bien des améliorations sont nécessaires dans l'enseignement de la Science aux plus pauvres, dans l'organisation nationale de la Finance, de l'Industrie, de l'Agriculture ; il faut porter sur le Code une main hardie et prudente à la fois, émonder, élaguer tout ce qui gêne, innover, ajouter tout ce qui peut favoriser la production, les associations dans les villes, dans les campagnes, dans les colonies.

La liberté seule accomplira ces réformes utiles, indispensables : l'État, ce notaire public, ne fera que les enregistrer, une fois accomplies.

Grâce à la collectivité, dont je sépare la doctrine plus ou moins politique du collectivisme, vous avez en vous-même le premier point d'appui que l'école socialiste demandait à tort au Gouvernement ; et cette brochure vous montrera clairement, je l'espère, ce que vous pouvez chercher et trouver dans la liberté, par la liberté.

C'est pourquoi je vais vous résumer ici, en aussi peu de mots que possible, les principales données politiques et sociales de mon livre intitulé : *Mission actuelle des Souverains*, et consacré à leur démontrer que, pour les plus grands comme pour les plus petits, le salut de l'Europe tout entière est dans la liberté.

Ce résumé vous permettra, à vous comme à eux, de n'être plus ni les dupes ni les victimes des fausses doctrines, des erreurs de ceux qui, politiquement, vous conseillent et vous dirigent, et, au contraire, de les rectifier pratiquement, progressivement, sûrement, pour le bien de tous, seule source possible de votre bien.

En politique, deux classes d'hommes vous enseignent et vous dirigent jusqu'à présent : les conservateurs et les destructeurs.

Toutes deux sortent des collèges.

Les uns, contents de leur lot, vous parlent de Devoir et de Monarchie; les autres, mécontents de leur sort, vous prêchent les droits et la République.

Le fait est qu'ils ont tous besoin de vous, les premiers, pour conserver leur situation tranquillement, les seconds, pour prendre celle des premiers, et devenir ainsi d'autres conservateurs.

Ni les uns ni les autres n'ont fait jusqu'à présent vos propres affaires, mais les leurs; ni les uns ni les autres n'ont remédié à vos maux qui sont : la guerre au dehors et les fatalités économiques au dedans.

Ce n'est pas que, parmi les monarchistes comme parmi les républicains, dans les rangs des conservateurs, comme dans ceux des destructeurs, il n'y ait des hommes de cœur et de talent, sincères, voulant votre bien presque autant que le leur ; mais, imbus de doctrines fragmentaires, ils ne savent pas comment s'y prendre, et se battent entre eux, à coups de dogmes politiques, pour un seul et même but illusoire : la possession de l'État et le Gouvernement.

Ensuite, la politique est, jusqu'à présent, non une science, mais un mauvais art d'expédients à l'usage des ambitieux, un jeu de hasard, une roulette, le pire des jeux de hasard.

La passion y tient plus de place que l'intelligence, et les plus roués eux-mêmes, ceux qui marquent les cartes, ou font des martingales, n'en savent pas bien long, et n'y voient pas bien clair, une fois la partie engagée sur le tapis où sont les intérêts des autres.

D'ailleurs ce ne sont ni les hommes les plus sincères, ni les hommes les plus sérieux qui, la plupart du temps, fréquentent cette table de jeu, ce mauvais lieu, et poussent et crient dans ce cercle forcément étroit de joueurs dont le Gouvernement est le prix.

Quant à vous, mes enfants, vous êtes à la fois le champ de bataille et les soldats des partis vainqueurs et vaincus, et, quels que soient les triomphateurs, c'est sur vous que le char passe et roule, c'est vous qui payez les frais et les lauriers.

Vous sentez si bien que ce que je vous dis est la pure vérité, qu'en Allemagne, vous n'avez guère trouvé d'issue à la politique que de quitter la partie, de laisser se chamailler entre eux les césariens et les libéraux, et d'émigrer aux États-Unis par centaines de mille chaque année.

J'ai vu partir ces navires d'émigrants, et je ne connais pas d'enseignement politique plus lamentable, de démonstration plus mathématique du néant de la politique d'expédients.

En Irlande, en Angleterre, vous faites la même chose pendant que les Whigs et les Tories se disputent les portefeuilles ; dans les pays basques et en Italie, vous vous expatriez aussi pour aller chercher une meilleure vie dans l'Amérique du Sud.

Les laboureurs se tirent d'affaire, tant qu'il y a des terres vierges et libres, et leurs enfants qui, en Europe, surchargeaient leur misère, leur deviennent là-bas un capital d'intelligence et de main-d'œuvre.

Mais il n'en est pas ainsi des ouvriers non agricoles.

Pour eux, républiques et monarchies se valent ; elles ne sont ni meilleures ni pires les unes que les autres ; et ils y trouvent exactement les mêmes procédés de Gouvernement sous d'autres oripeaux.

C'est ainsi que, sur la grève des ouvriers de chemins de fer organisée par l'Internationale d'Europe, le Gouvernement des États-Unis, cette République des républiques, a fait pleuvoir police, armée, fusils, canons, mitrailleuses, comme jamais République ni Monarchie d'Europe ne l'ont fait.

C'est pourquoi, sentant confusément que la guérison de vos souffrances ne dépend pas des formes de Gouvernement, les plus avisés d'entre vous ont pris le sage parti de servir le moins possible d'instrument aux politiciens de droite ou de gauche, et de ceux aussi qui, sous une couleur ou sous une autre, veulent imprimer une direction politique à vos associations.

Comme au fond, même en France, vous commencez à savoir deviner l'ambitieux sous le révolutionnaire, soit monarchique, soit républicain, quand il vous mendie le Pouvoir, vous voudriez bien le lier par un mandat impératif.

Ce ne serait pas mal trouvé, si ce n'était pas le candidat et son parti politique qui rédigeaient les programmes et les professions de foi.

Malheureusement pour vous, ce sont les partis à doctrines et à dogmes opposés, ce sont les anciens collégiens, qui, continuant leurs querelles à vos dépens, se disputent les portefeuilles, comme autrefois les croûtons de pain.

Le mécontent ou le satisfait qui vous demande vos suffrages, va soi-disant jouer votre jeu ; mais en réalité, une fois les cartes en main, pour qui jouera-t-il sa partie de satisfait ou de mécontent ?

Neuf cent quatre-vingt-dix-neuf fois sur mille, il la jouera pour lui, en regardant dans le jeu de son voisin, s'il le peut; il la jouera pour le dogme qui lui tient lieu de science, pour le parti dont il a tout à attendre et sans lequel, en dehors de sa spécialité professionnelle, il ne serait rien qu'un électeur comme vous.

C'est ainsi que vous, qui votez de bonne foi, vous êtes dupes et victimes, vous servez d'instrument aux disputes, aux rancunes, aux convoitises et à la puissance impuissante des factions et des sectes politiques, à la compétition d'ambitieux, pour la plupart méritants comme hommes privés, mais funestes comme hommes publics.

Dans les pays d'Europe où règne le Suffrage Universel, la politique tend ainsi à perdre toute unité, tout ensemble pratique de vues, toute valeur et toute efficacité nationale, et à devenir une cohue d'aventure, la carrière de tous ceux qui ne font plus leur métier, sous le fallacieux prétexte de faire les affaires du pays.

Le monsieur qui fait le révolutionnaire est un prétendant tout comme un autre.

Il ne monte jamais à l'assaut du Gouvernement pour le détruire, ni pour le réformer, quoi qu'il vous dise, pendant que vous lui faites la courte échelle; mais pour s'y caser, s'y arrondir, s'y étaler, trancher du personnage, s'imposer lourdement à vous comme à tous.

Même dans le clan des Hébertistes, cependant bien nettement révolutionnaires, rappelez-vous qu'il n'y a jamais eu autant de galons, de fonctionnaires et de paperassiers que sous la Commune.

Dans le clan des Jacobins, c'est la même chose avec une pédanterie plus classique et plus solennelle.

Toutes ces vieilleries du siècle passé viennent à vous

comme l'âne au moulin, comme la maladie à un pauvre homme.

Pour la plupart, — car le bien comme le beau sont partout l'oiseau bleu, l'exception rare qu'on ne saurait trop louer, — une fois nantis de votre vote qui leur met la clef en main, ils ne trouvent qu'une chose, la porte du fonctionnarisme ; et les voilà conservateurs, quitte à vous faire fusiller ou déporter, pour se conserver dans le bocal du Pouvoir.

Veulent-ils parvenir ? Ils savent très bien que vous êtes le flot qui porte, le vent qui souffle, pousse et gonfle ; mais l'éternel navire avec ses mâts de cocagne, c'est le Gouvernement, l'avant, l'arrière, les deux Chambres, la table des officiers, l'avancement, la haute paye.

Faire fortune, faire carrière, aborder aux meilleures places, grimper jusqu'aux timbales, devenir le Gouvernement : voilà, pour vos courtisans comme pour ceux des rois, soit l'écueil de leur valeur réelle et de leur conviction, soit le rêve étoilé de leurs appétits et de leur nullité.

Tant qu'ils n'en sont qu'au rêve étoilé, ils vous promettent la lune ; ils vous donnent d'avance tout ce qu'ils n'ont pas, la tête de leur curé, la peau de leur propriétaire, les terres des autres, le Grand Livre au besoin.

Et cela réussit toujours, parce que vous êtes croyants et bons, parce que le Christianisme vous a donné des espérances et 1789 des droits.

Comme nous l'avons dit, leurs dogmes politiques leur tiennent lieu de science, leur parti, de conscience sociale : ils n'en savent pas bien long.

Mais ils connaissent à merveille eurs petits intérêts personnels, et, pour vous endormir, ils vous font sur les vôtres des discours sans fin.

A entendre ces coureurs de suffrages, qui s'improvisent,

en politique, vos maîtres, ils sont vos obéissants serviteurs, et vous débitent des tirades sur la démocratie, comme les premiers ministres qui exploitent et ruinent les monarchies, leur parlent de droit divin et d'absolutisme.

Leurs discours varient peu ; ils semblent copiés l'un sur l'autre, et un phonographe en dirait tout autant.

Vous les savez par cœur : on y entend de belles et saintes paroles sans cesse incomprises ou blasphémées : liberté, égalité, fraternité, droits de l'Homme, droits du travail, le tout barbouillé de beaucoup de pathos qui fait du bruit et ne dit rien, a l'air de tout renverser et ne renverse rien, promet de tout changer et ne changera rien.

L'Éloquence est comme la Musique, elle entraîne souvent, sans qu'on sache pourquoi ; et il faut y réfléchir, pour n'être pas le jouet du vent ou le pantin d'une ficelle.

Comme le corbeau de la fable, on vous traite des noms les plus flatteurs ; on vous appelle Souverains, et vous lâchez votre bulletin de vote ; et le renard vous jure qu'il vous le rapportera, quand il aura bien dîné.

C'est ainsi que le pauvre peuple toujours trompé, toujours berné, sous prétexte d'être représenté, se met sur la tête une poignée de gens qui ne font plus ce qu'ils savent, et souvent ne savent guère ce qu'ils font, une oligarchie de cinq ou six cents politiciens parlant tous à la fois dans une Chambre bonne à tout faire et le plus souvent bonne à rien.

Vous connaissez les degrés de cette vieille échelle de Jacob des Jacobins : Conseil municipal, Conseil général, Chambre des députés, Sénat, les Ministères, et la grande cage du fonctionnarisme avec toutes les mangeoires du budget, enfin tout le tremblement de l'éternel Gouvernement.

C'est vous, mes enfants, qui tenez le pied de l'échelle des élus, et c'est pour cela qu'on vous dit de ne plus bouger.

Pour vous faire croire qu'on nettoie le bâtiment escaladé, on jette par la fenêtre les anciens locataires, tous les conservateurs de la veille, révolutionnaires certains de l'avant-veille, révolutionnaires probables du lendemain.

Ils ne valaient pas mieux? soit; mais ils commençaient à paperasser d'importance, à connaître un peu leur nouveau métier; de plus, contents d'émarger au budget, ils daignaient vous promettre leur protection en échange des candidatures officielles.

A leur place, les nouveaux élus commencent, à vos dépens, à faire écoles sur écoles; mais, du premier coup, ils savent caser leur marmaille, les neveux, les cousins, la coterie.

Ceci fait, ils songent à leur avancement, aux décorations, cirent les bottes de leurs supérieurs, et se font cirer les leurs par leurs inférieurs embrasés du même enthousiasme.

Enfin on est la politique; on mange à tous les gros plats; on tripote dans toutes les affaires du pays; on joue à la baisse, à la hausse; on est administrateur ou président de sociétés anonymes; on fait des reports à perte de vue; bref, on répond de l'ordre avec la résolution de défendre énergiquement tous les monopoles, si vous les attaquez.

C'est ainsi que n'importe qui, s'ennuyant d'exercer dans l'obscurité son utile et bonne profession, peut, en vous flattant, devenir un grand homme, un nuisible et méchant petit politicien, se jeter sur l'État comme sur une diligence, démarquer l'écriteau du Gouvernement, le nom des rues, le numéro des habits brodés de tous les vestiaires officiels.

C'est ainsi qu'on devient à vos frais le nouveau figurant d'une éternelle comédie, M. le Maire, M. le Préfet, M. le Député, M. le Sénateur, M. le Ministre, Son Excellence Monsieur l'Ambassadeur.

Et vous, mes enfants, faute de savoir aussi faire un discours, vous êtes en bas du bâtiment, à la porte, tenant vertueusement et toujours le pied de l'échelle.

Notez que cette monographie du politicien ne s'applique pas seulement à cette cohue d'affranchis qui s'improvisent vos maîtres, mais à tous ceux qui, en politique, attendent leur bien du mal du prochain, leur vie de la mort d'autrui, et qui pêchent à la ligne après avoir troublé l'eau, quand ils ne jettent pas le filet dans votre propre sang.

Méfiez-vous donc, croyez-moi, du politicien, de l'intermédiaire, du délégué ; neuf fois sur dix au moins, ouvrez l'œil.

Monarchiste ou républicain, réactionnaire ou révolutionnaire, conservateur ou destructeur, du moment qu'il veut parvenir, voilà le rongeur, le parasite du Dieu Social, le phylloxera de la vigne du Seigneur.

Quels que soient les soi-disant changements de Gouvernement, la machine gouvernementale, sous laquelle vous gémissez, reste exactement la même.

L'affiche peut être différente pour amuser les naïfs, et la profession de foi pour en donner à croire aux badauds ; mais vous, électeurs, vous, ouvriers, que gagnez-vous à cette promenade d'acteurs ou d'histrions nouveaux, sur le même théâtre ?

Vous payez toujours, et c'est loin d'être intéressant pour tous vos intérêts.

Car notez bien que changer les ministres n'est pas réformer les ministères, changer les magistrats n'est pas améliorer le Code, changer les généraux n'est pas empêcher la guerre.

On crève les tambours au profit des trompettes ; la belle affaire pour vous !

Mais on garde précieusement tout l'outillage dans lequel on s'est installé.

Que de harangues ne vous faisait-on pas, avant le vote, contre ces institutions, contre ces défroques, contre ces livrées de l'infâme Monarchie, contre les monopoles, contre la centralisation, contre le fonctionnarisme !

Mais après le vote, une fois qu'on s'est étalé dans toutes ces prébendes, on s'embastille dans la plantureuse routine gouvernementale, et on vous montre qu'on sait au besoin s'en servir.

On défonce les portes vermoulues, on tue les morts, on crochette les serrures des couvents, on persécute des Chrétiens du Moyen Age qui ne faisaient de mal à personne, et qui faisaient du bien aux pauvres.

C'est une assez servile imitation du Chancelier surnommé de fer parce que les autres sont en papier mâché ; c'est une assez plate adaptation de son mauvais Kulturkampf, avec chasse à courre dans les rues et dans les maisons, chasse aux moines, chasse aux sœurs de charité dans l'école et dans l'hôpital, en attendant la chasse aux ouvriers, le jour où, n'ayant plus de travail et voyant qu'on vous prépare une diversion dans la guerre, vous vous rassemblerez en murmurant.

Comme, en fin de compte, toutes ces bagatelles de la

parade vous intéressent médiocrement, vous demandez le cinquième acte, la chose extraordinaire, l'apothéose, la nouveauté annoncée.

L'élu avait promis quelque chose aux ouvriers, au grand nombre ; le renard avait annoncé la bonne nouvelle à l'électeur, et il devait revenir, après dîner.

Or, jusqu'à présent, vous n'avez rien vu paraître qui améliore vos peines, et soyez sûrs que rien ne paraîtra si ce n'est le pis à la place du mal.

Les impôts maladroitement arrangés vont croissant ; l'Industrie, l'Agriculture, le Commerce, la Finance sont mal à l'aise ; le pain est aussi cher, aussi dur à gagner que jamais ; tout augmente de prix : les loyers à cause du tripotage sur les terrains, le vêtement et le vivre pour des raisons semblables ; non seulement il n'y a pas la paix, mais vous avez une guerre de spéculation sur les bras, et on vous cache le nombre des soldats qu'on y envoie.

De plus, le jeu effréné des boursiers et des coulissiers sur la richesse nationale y déchaîne des tempêtes dont vous recevez la foudre en pleine poitrine.

Vous vous demandez alors ce que fait votre mandataire, le César ou le Jacobin, le monsieur qui parlait si bien, qui vous appelait citoyens et Peuple Souverain avant le vote.

Alors vous faites venir votre député, et vous le priez de vous rendre compte de votre mandat, que vous croyez impératif.

Soyez sûrs que, s'il est franc, l'homme qui a goûté du pouvoir et remué les millions à la pelle, vous répond en conservateur.

Alors, vous qu'on prétend méchants, vous riez, tout en ayant envie de pleurer, et vous vous dites : « Je vais en

« nommer un encore plus révolutionnaire, celui qui
« m'a fait, hier, un discours à tout casser, dans lequel
« il mangeait les satisfaits tout crus : peut-être que ce
« sera mieux pour nous. »

Ce sera, mes enfants, ce vieux garnement, le Gouvernement, c'est-à-dire, sans changement pour vous, toujours
la même chose, la même chose partout : sceptre, sabre,
canne ou bâton, qu'il s'agisse de la France ou de n'importe
quel autre pays.

Vous aurez beau croire les braillards, quand vous ne
croirez plus les orateurs ; vous aurez beau leur donner tout
l'avancement qu'ils vous demandent, vous n'en serez pas
plus avancés, au contraire.

Il y a à cela trois causes principales, trois grandes raisons bien scientifiques et bien simples, et les voici :

La première est que, en faisant un député, fût-ce votre
meilleur ami, votre copain, votre voisin d'atelier, vous
faites ce qu'en Sociologie on appelle un Oligarche ; vous
vous donnez un maître, qui prend en mains votre part de
Souveraineté Nationale, et qui, l'ayant, s'en sert, soit à
son profit, soit au vôtre.

Pour que l'Oligarchie fonctionne à votre profit, il faut
qu'elle soit construite si savamment que les Athéniens y
ont perdu leur grec, les Romains leur latin, et qu'ils en
ont jeté leur langue à l'Empire, ce qui leur a valu le fonctionnarisme et les barbares.

Les hommes de 1789, qui en savaient encore moins, ont
fini de la même manière ; mais au lieu de bâtir pour cinq
cents ans, ils ont fait une baraque qui n'en a pas duré dix,
et encore il n'y faisait pas bon.

L'Oligarchie en fonctions s'appelle aussi parfois un Système Représentatif.

Soit, si cela pouvait servir suffisamment vos intérêts ; mais il n'en est pas ainsi, pour le moment.

Celui que vous avez nommé vous a bien crié tant qu'il a pu : vive la République ou vive la Monarchie, selon que vous avez la bonté de croire à la vertu magique de l'une ou de l'autre pilule ; mais il lui aurait fallu au moins vingt ans d'études préparatoires, d'abord pour connaître exactement la différence de ces deux formes de Gouvernement, et ensuite pour savoir à peu près la vingtième partie des questions nationales, sur lesquelles il va faire des lois, comme un aveugle fait de la peinture.

La deuxième raison, c'est que, telles qu'elles existent depuis des siècles, composées d'une chambre à tout faire ou de deux, dont l'une dit oui, quand l'autre dit non, les Institutions Représentatives sont insuffisantes à vos besoins.

Grâce à la Science appliquée à l'Industrie, nos nations ont pris, depuis cent ans, un tel développement d'activité, si nouveau, si imprévu dans tous les sens, qu'une Chambre et même deux ont trop d'affaires sur les bras, non pour les connaître, nous n'en sommes pas là, mais même pour les étudier de front.

Aussi est-on littéralement forcé d'en laisser les trois quarts en souffrance, pendant que le reste, bâclé à la diable, ne s'en porte guère mieux.

La troisième raison, c'est la construction même de l'État qui, partout, sur le Continent, sous la République comme sous la Monarchie, reste la même depuis le xvii° siècle.

Cette construction tient en partie à une fondation mauvaise, à un pied féodal de guerre entre les États Européens, dont vous trouverez toutes les causes déduites, pour la première fois, dans mon livre : *Mission actuelle des Souverains.*

La centralisation à outrance de l'État, la concentration qu'il a faite de tous les Pouvoirs nationaux dans un seul fonctionnarisme directement sous sa dépendance, a eu peut-être son utilité vis-à-vis de l'Europe militaire et diplomatique; mais l'abus d'un remède aggrave la maladie, en donne de nouvelles; et c'est ce qui est arrivé.

La vraie Souveraineté, soit de la Couronne, soit du Peuple, est ainsi passée peu à peu, par des intermédiaires, dans une machine automatique, dans une société anonyme sans conseil d'administration responsable, dans l'État, maître, par le fonctionnarisme, de tous les Corps Constitués de la Nation,

Le même régime pratiqué sur un individu produirait un idiot, qui ne se réveillerait que pour être aliéné.

Par toute l'Europe continentale actuelle, le vrai Souverain n'est plus ni le Roi, ni la Nation, ni même la Chambre, mais l'État.

Ne vous en prenez donc plus ni à la Couronne, ni vous, conservateurs, à l'électeur, ni vous, électeurs, aux députés, ni vous tous ensemble à l'État lui-même, votre bien commun ; mais dites-vous tous, les uns des autres, en politique : pardonnez-leur, Seigneur ; ils ne savent pas ce qu'ils font.

Quant à ce qu'il faut faire, c'est l'histoire de la découverte du Nouveau Monde, c'est très facile, une fois trouvé.

Actuellement et depuis deux siècles, l'État est monté de manière à convertir en autant de passivités et d'inerties toutes les forces intellectuelles, morales et physiques du pays, qu'elles viennent de la Couronne ou de la Souveraineté populaire, des Institutions civiles ou militaires, laïques ou cléricales.

C'est pourquoi se saisir à son propre profit de cette machine, est une tentation perpétuelle pour tous les politiciens d'aventure et une illusion pour les réformateurs sincères.

Je vous dirai maintenant pourquoi l'État, qu'il soit monarchique ou républicain, reste le même de siècle en siècle, et ne peut absolument rien pour la réalisation de vos justes espérances, des promesses terrestres que vous a léguées le Christianisme, des droits parallèles à ces promesses que vous a donnés la révolution civile de 1789.

En peu de mots, on ne peut pas décentraliser l'État, sans vous faire un mal terrible, à moins de s'y prendre avec une science, une mesure, une sagesse rares, hélas ! dans tous les temps, et impossibles à trouver dans des partis rivaux.

Revenons à l'impuissance de l'État, avant de voir comment on pourrait remédier à celle des législateurs.

La cause principale de cette impuissance sociale de l'État est placée plus haut que toutes nos patries ensemble ; elle tient à la Constitution inter-gouvernementale de l'Europe.

C'est la République anti-sociale que forment systématiquement entre eux les États d'Europe, depuis que la diplomatie est leur seule institution commune, c'est-à-dire depuis le milieu du dix-septième siècle.

Vous allez comprendre facilement.

Supposez une poignée d'hommes sans Loi, sans tribunal au-dessus d'eux, vivant le révolver d'une main, la carabine de l'autre : ce sera le plus féroce et le moins scrupuleux qui deviendra le maître des autres, jusqu'à ce qu'un autre le tue, et ainsi de suite.

Tels sont entre eux les États d'Europe, et tant que la République qu'ils forment entre eux depuis près de trois siècles sera ce qu'elle est, sans Loi commune au-dessus de tous, sans tribunal suprême, la force brutale, la guerre, sera à la fois leur unique chance de salut, leur ruine commune et leur perte finale.

Vous comprenez bien que, tant que cela est ainsi, la Nation qui aurait la naïveté de désarmer pourrait être sûre de son affaire, certaine de se voir démembrée, tuée et volée, si elle est riche, c'est-à-dire travailleuse.

C'est ainsi que les politiciens, les malins de la diplomatie, ont arrangé au dix-septième siècle ce que j'appelle le Gouvernement Général de l'Europe dans mon livre intitulé *Mission actuelle des Souverains.*

Comme vous, les Souverains ont été mis pour longtemps dans un triste gâchis par leurs représentants et leurs intermédiaires.

A cela, les politiciens de votre pays ne peuvent rien, absolument rien, que se soumettre, et vous plier à cette loi de fer et de sang, à cette guerre civile entre nations chrétiennes, et, par amour pour la Patrie, l'épuiser, en l'armant à outrance.

Voilà ce dont ils s'aperçoivent, malgré toutes leurs promesses électorales, quand ils ont escaladé le Pouvoir, et quand l'évidence leur crève les yeux.

Une seule force sociale pourrait parler de haut à tous les Gouvernements ensemble et leur commander la paix, au nom de Jésus-Christ, au nom de la morale commune, au nom des promesses terrestres que vous avez reçues de l'Évangile, et que la Civilisation est en train d'accomplir.

Cette seule force supérieure à la politique est la *Religion*.

Notez bien ce mot, que j'ai souligné.

Je n'ai pas dit les cultes ; je n'ai pas dit les religions, choses humaines et politiques ; j'ai dit la Religion, cette force divine et sociale qui agit tant bien que mal, malgré la politique des cultes ; j'ai nommé ce lien universel des pensées et des cœurs, cette Unité qui fait de l'Humanité un Règne au-dessus des animaux, de tous les hommes les membres d'un même État Social sur la Terre, les fils d'un même Père dans l'Univers.

C'est de cette Religion qui explique et excuse toutes les autres, que Jésus-Christ a été le révélateur pour les pauvres, pour les faibles, pour les femmes, pour les enfants, pour les victimes et les victimés de tous les temps et de tous les lieux.

Mais cette force sociale, colossale, incomprise, inconnue jusqu'ici, faute d'une science et d'une conscience publiques assez profondes, assez grandes, assez élevées, elle est elle-même divisée en sectes cléricales, aussi hostiles entre elles que les États.

Non seulement ces cultes, véritables États politiques dans leur genre, ne peuvent pas, grâce à ces divisions, se réunir entre eux pour dire aux États : *Homicide point ne seras ;* mais ils ne savent même pas s'entendre, quoiqu'adorant le même Dieu, quoique prêchant partout le même Évangile de paix universelle et de charité, pour dire ensemble, une fois par an : *Notre Père qui êtes aux Cieux !*

Vous voyez que la question religieuse a plus d'importance sociale que ne le soupçonnent, dans les Églises comme dans les États, les conservateurs et les destructeurs, les politiciens dogmatiques.

Pardonnez-leur, car ils n'en savent pas bien long, excepté pour tirer à eux la domination, que ce soit au nom de Photius, de saint Thomas d'Aquin ou de Luther, de la Royauté, de l'Empire ou de la République cléricale ou laïque.

Si vous voulez savoir pourquoi la force sociale de la Religion est aujourd'hui réduite à une inertie presque totale, ouvrez mon livre *Mission actuelle des Souverains :* il vous montrera ces deux causes : politique gouvernementale et fonctionnarisme.

La politique : voilà la grande criminelle, l'éternel Caïn.

C'est la politique qui a bâti les arsenaux des dogmes contraires, élevé les bastilles des Églises hostiles, transformé les évêques et les prêtres en fonctionnaires, malgré leurs protestations de siècle en siècle.

C'est la politique qui continue à tuer Abel, depuis douze mille ans ; c'est elle, elle seule, elle encore et toujours, qui, depuis mille huit cents ans, maintient en croix, rivé par des clous de fer, le charpentier de Galilée, l'architecte du monde chrétien.

S'il avait les membres libres, mes enfants, il aurait bientôt appelé à lui ses compagnons, ses ouvriers, et rebâti en paix sa vraie Maison : le Temple vivant du Dieu Social, la Cathédrale sociale du Dieu Vivant.

Jusque-là ne demandez pas de désarmer votre État national ; mais chacun chez vous, tous dans votre patrie particulière, sachez au moins comment faire pour exiger que les affaires du pays marchent le mieux possible, en échange des flots d'or, des flots de sang, que l'état de siège européen tire, et tirera de vous, aussi fatalement que le tonnerre tombe, et tombera.

Cet état de siège européen, ce mauvais arrangement diplomatique des rapports des États, cet engrenage homicide de la ruse et de la guerre entre peuples chrétiens, est la cause première de l'impuissance des États pris dans leur propre piège de fer, frappés par leur propre épée, prisonniers de leurs Gouvernements de combat international.

Nous allons maintenant dire un mot des autres causes, celles qui sont intérieures à chacun de vos pays.

Vous sentez déjà que l'état de siège européen a pour première conséquence, dans toutes les grandes nations continentales, une sorte d'état de siège en dedans, un militarisme et des armements forcés, et que la République, comme la Monarchie, ne peut que les maintenir ou périr sous les coups meurtriers de l'étranger.

Ceux qui, en politique, vous parlent autrement, se trompent, ou vous trompent dangereusement.

Ceux qui, le sentant, croient y échapper par la décentralisation du Pouvoir exécutif et le fédéralisme géographique, préparent votre démembrement par l'étranger.

Car si, vous et vos généraux, vous avez déjà tant de mal à réparer les bévues des diplomates, à défendre la Patrie unifiée sous un État centralisateur à outrance, que serait-ce si la Patrie était en pleine désagrégation, composée d'autant de petits États que de provinces, de départements ou de communes fédérées ?

Ce serait, non un progrès, loin de là, mais une reculade de neuf siècles en plein Moyen Age ; ce serait une guerre générale de clocher à clocher, dont vous porteriez comme alors tout le poids, toute la misère ; ce serait aussi le signal de toutes les invasions étrangères.

On vous montre en vain comme exemple les États-Unis d'Amérique ; l'Amérique n'est pas l'Europe, et, comme je l'ai dit plus haut, vous ne gagneriez pas plus à être conquis ici par les Institutions américaines qu'à émigrer sous leur pavillon.

On vous parle aussi de la Suisse, mais également à tort.

Elle ne subsiste ainsi, à l'état fédéral, que comme petite Puissance, sous la protection intéressée d'États plus forts, dont elle dépend.

Ces États n'y touchent pas, parce qu'ils ne peuvent pas le faire, sans être quatre à se donner des coups de canon : Allemagne, Autriche, France, Italie.

D'ailleurs la Suisse est trop pauvre, soit pour exciter la convoitise, soit pour payer les frais de la guerre.

Il n'en est pas ainsi des pays de plaines et de moissons abondantes, de grande industrie et de grand travail national.

C'est pourquoi la décentralisation politique et le fédéralisme géographique y sont de formidables dangers, pour vous surtout.

Faisons donc ce qui est possible, et gardons l'État politique, militairement centralisé, puisque l'état de siège européen nous y force.

Par amour pour la Patrie, ne démantelons pas cette vieille forteresse nationale, avec sa couronne de créneaux, d'où l'on voit partout les armes de l'étranger.

Quant à la diplomatie, confions-en le soin à de bons officiers d'état-major, à des généraux ferrés sur leur art, et connaissant à fond la géographie politique du coupe-gorge européen de 1648, de 1815 et de 1870-71.

Ceci fait, le meilleur moyen d'armer en dedans la forteresse nationale, c'est de la neutraliser absolument aux partis, comme nous en verrons plus loin la possibilité.

Un mot encore sur certains abus de la centralisation.

En Russie le tzar Pierre Ier, en France Louis XIII et Louis XIV, en Autriche Marie-Thérèse, en Prusse Frédéric, résumant les efforts de leurs devanciers contre la féodalité armée, ont centralisé toutes les forces intellectuelles, morales et matérielles des nations, confondu l'État avec le Gouvernement.

La Révolution française, qui a fait tant de bien dans l'ordre civil et tant de mal dans l'ordre politique, a suivi, en les poussant à outrance, les errements centralisateurs de la Monarchie.

Mais parmi ces forces vives de nos nations, parmi ces organes comprimés d'une manière excessive, il en est qui, par leur caractère plus social et plus civil que politique, devaient rester libres au milieu de la grande forteresse nationale.

J'en nommerai trois, les trois principaux, d'où dépend votre total affranchissement : l'Enseignement, la Législation, l'Économie nationale.

L'Enseignement a pour organes publics l'Université et les cultes.

L'État a politiquement centralisé tout cela; il a fait des recteurs et des professeurs, des évêques et des prêtres, des fonctionnaires à ses ordres, à sa solde, à sa merci.

La Législation a pour organes les Institutions législatives, émanant, soit de la Couronne, soit de la Nation, soit des deux à la fois; puis viennent les magistrats, les tribunaux de tout ordre et leurs moyens d'exécuter la loi : police, gendarmerie, prisons, etc.

L'État a politiquement centralisé tout cela; il a fait du législateur, du magistrat, comme du policier, du gendarme et du geôlier, des fonctionnaires à ses ordres, à sa solde, à sa merci.

L'Économie nationale résumée dans le budget, véritable liste civile de tous les services publics et de tout le fonctionnarisme, a pour organes les mêmes Institutions politico-législatives que ci-dessus, puis la Cour de révision des Comptes, les trésoreries, les contributions, les douanes, les octrois, etc.

L'État a politiquement centralisé tout cela, il a fait du député, du conseiller des Comptes, du trésorier, du receveur, du douanier, des fonctionnaires à ses ordres, à sa solde, à sa merci.

C'est ainsi que, dans toutes nos nations continentales, environ le tiers des nationaux, soit par lui-même, soit par les siens, directement ou indirectement, vit de l'État, en lui et pour lui, depuis le garde-champêtre jusqu'au ministre.

Les deux autres tiers qui ne vivent pas de l'État sont répartis dans la richesse mobilière et immobilière, dans la science spéculative ou appliquée, dans les arts, dans les métiers des villes ou des campagnes.

Ce sont ces deux tiers qui représentent les seules forces libres de la Nation, ses forces créatrices, indépendantes de l'État; et c'est de là seulement que peut venir, pour vous comme pour tous, la réforme bienfaisante que vous êtes en droit d'attendre, de vouloir et d'opérer aussi bien que tous.

La réforme voulue par les deux tiers de la Nation, par ses forces libres et créatrices, ne devra plus porter l'étiquette sectaire, soit de la conservation, soit de la destruction; elle devra représenter totalement, intégralement, tous les intérêts associés et intéressés de la liberté, et je lui ai donné le nom de Création, pour bien indiquer qu'il ne s'agit ici, ni de conserver, ni de détruire, mais de créer ce qui est nécessaire à l'Ordre Social actuel.

Un bon programme de réforme, un exposé aussi simple que possible de cette création par la liberté: voilà ce qu'il faut avant tout.

Nous en écarterons tout d'abord tout ce qui porte un caractère d'exclusivisme et de parti, quel que soit ce parti.

Il s'agit en effet de formuler les vœux, non des sectes conservatrices ou destructrices qui font notre impuissance sociale avec nos divisions civiles, mais d'exprimer d'une manière absolument indépendante et désintéressée, dans toute leur puissance, dans toute leur universalité, la somme et le total de toutes les énergies créatrices, de tous les intérêts, de toutes les forces libres de la commune Patrie.

Que vous dit le parti divisé des conservateurs ?

« Laissez-nous revenir à l'une des étapes du passé;
« confiez-nous l'État et le fonctionnarisme; restez tran-
« quilles dans nos boîtes à conserves, et vous verrez comme
« tout ira bien. »

En même temps que ces objurgations, que vous dit le
parti également divisé des destructeurs plus ou moins
mécontents, plus ou moins en colère, et pas toujours sans
raison ?

« N'écoutez pas ces satisfaits, ces repus, qui voudraient
« encore se repaître.

« Votez pour nous, donnez-nous carte blanche pour
« l'avenir, confiez-nous l'État et le fonctionnarisme, et
« vous verrez comme tout ira bien. »

Je vous conseille de saluer bien poliment les uns et les
autres, de ne jamais entrer en discussions stériles avec eux,
et de les laisser se conserver ou se détruire, s'emparer ou
s'expulser de l'État et du fonctionnarisme, à leur guise : peu
importent à la création qui nous occupe, ces querelles by-
zantines entre les revenants du Bas-Empire qui nous y mè-
neraient encore une fois.

Un monde nouveau s'est levé, monde libre, et qui répond : la Science, la Justice, la Richesse m'appartiennent,
et je me gouvernerai moi-même.

Ce monde nouveau c'est le vôtre, mes enfants ; seul, il
renferme vos vrais appuis, vos meilleurs instruments de perfectibilité et de totale émancipation.

Laissez les partis, ces mauvais fils, continuer à vouloir
forcer les serrures, fouiller les tiroirs, saisir les dépouilles,
demander le trésor et le Gouvernement de la commune
Maison, comme si la Patrie était morte ou infirme.

Elle est vivante, la grande et bonne Mère, et son génie n'est pas plus évanoui que sa force et que sa beauté.

C'est le bruit que font tous ces querelleurs ensemble qui la rend silencieuse, et l'empêche de dire ce qu'elle vous veut à tous de bien pour le présent et pour l'avenir.

Elle vous veut tous unis, heureux, chacun travaillant selon ses forces et ses aptitudes, content de son lot, tous remplis au dedans de la même lumière, de la conscience d'une même régénération nationale, tous estimés et respectés au dehors, craints au besoin par les autres patries, qui se demandent si c'est votre destruction dans les luttes armées des partis, ou une création qui va sortir de votre chaos politique.

N'en doutez pas, enfants de la commune Mère, ce sera une création, et les autres nations d'Europe se tourneront vers elle, et y reconnaîtront ce qu'attendent leurs douleurs, et ce que n'espérait plus de vous leur espérance.

Que l'État soit centralisateur et militaire, il le faut, tant que la religion de Jésus-Christ est crucifiée par la politique européenne des sectes et des gouvernements, tant que cette immense force sociale, parlant au-dessus des diplomates, ne peut pas se faire entendre, pour proclamer et organiser la paix.

Mais vous, forces libres de votre nation, qui, par l'intermédiaire de l'État, devez ainsi payer au Moloch, au mauvais Gouvernement Général de l'Europe, votre tribut d'armements, d'or et de sang, il faut que l'État soit votre serviteur à tous, l'exécuteur public de votre totale volonté, il faut qu'il soit purement, exclusivement national, neutre et inaccessible aux partis, sous peine de voir advenir la déchéance et la mort de la Nation.

Créateurs libres de la richesse intellectuelle, morale et physique de la Patrie, c'est à vous de la sauver, en libérant de toute entrave, de toute servitude politique, sauf celle de la guerre que nous impose la Constitution vicieuse de l'Europe, les sources de cette richesse qui représente votre valeur parmi les nations, et qui sont : l'Enseignement, la Justice et l'Économie nationales.

Je vais maintenant vous montrer pas à pas, vous faire toucher du doigt comment et pourquoi cette libération peut se faire, comment et pourquoi la liberté centuplera les écoulements de la richesse nationale, comment et pourquoi elle se répandra ainsi, à flots, jusqu'à vous, et rendra à la Patrie l'Unité sociale de toute sa famille.

Tout cela se fera par le Suffrage Universel, mais en triplant ses forces.

Les anciens partis ont été vos relais de poste à travers les siècles; ils sont tombés en désuétude, depuis que vous avez le chemin de fer du Suffrage Universel; il s'agit maintenant que les chauffeurs et les aiguilleurs ne se battent plus sur la locomotive, et que les vieux postillons ne mettent pas de pavés sur les rails.

On croit que vous allez dérailler; mais je vois d'assez loin, et je vous annonce votre entrée en gare, facile et prompte, si vous le voulez.

PREMIÈRE CHAMBRE

Est-il bon pour vous, pour tous, que le professeur de n'importe quoi ou le prêtre de n'importe qui soient des fonctionnaires politiques de l'État?

Non et mille fois non.

La pensée et la conscience nationales ne doivent être

gouvernées que par elles seules ; et jamais, en aucun cas, elles ne peuvent être asservies à une politique gouvernementale, d'où qu'elle sorte, sans surbaisser les intelligences, les caractères, les volontés, richesse première de la Nation, source de toutes les autres.

Le monarchiste est-il au pouvoir ?

Tenant, comme fonctionnaires, les professeurs et les prêtres dans ses mains, il leur imprime forcément une direction politique, soit par consentement, soit par résistance.

Il vous impose donc un enseignement public à sa façon, une férule politico-cléricale qui casse les libres ailes de la Religion, l'implique dans les errements du Pouvoir, et brise du même coup l'essor de la pensée nationale.

Le républicain est-il au pouvoir ?

Il fait exactement la même chose, seulement la férule se change en assommoir, et fait tomber sur l'enfance, du haut du Jacobinisme et de sa dogmatâtrie, les fléaux d'un matérialisme abject et de l'intolérance fanatique de l'athée.

Tous deux, en sens contraire, ruinent également dans son germe votre richesse intellectuelle et morale, la source première de votre indépendance.

Non, la Patrie n'est pas divisée en deux camps irréconciliables de mystiques à droite et de cyniques à gauche.

C'est la soif du Pouvoir, c'est la tactique gouvernementale qui vous exploitent ainsi, c'est la politique des partis qui a créé ces honteuses apparences, et c'est la liberté qui, en soufflant dessus, les dissipera.

Alors, comme autrefois, plus que jamais, vous produirez des génies, des caractères, de l'or vivant frappé d'un puissant relief, et vos pauvres enfants sont peut-être ces pièces d'or, ces valeurs, ces prédestinés du grand travail commun.

Libérez donc de toute servitude les professeurs, les prêtres de tous les cultes, ces prisonniers d'État, à la chaîne
de dogmes politiques rivaux et hostiles.

Ils ne savent comment sortir de leurs bastilles séculaires
pour vous parler, pour retrouver parmi vous toute l'efficacité sociale de leur bon vouloir.

Délivrez-les tous, et vous verrez en peu de temps se lever
et grandir les moissons que porteront les générations
humaines, quand vous aurez affranchi des entraves du
fonctionnarisme, de la pression du Pouvoir, les corps
enseignants, ces cultivateurs de l'esprit et de l'âme des
enfants.

Et vous serez heureux d'être pères, et vos femmes ne
pleureront plus sur leur maternité, et votre pauvre foyer
illuminera de joies vos amères tristesses.

Si l'homme d'Université et l'homme d'Église se disent
entre eux *Raca*, ne croyez pas qu'ils se méprisent, au
fond ; car ils connaissent leurs forces mutuelles, l'un
comme instructeur, l'autre comme éducateur, et ils s'esti-
ment, et ils s'admirent l'un l'autre.

Ils voudraient bien allier et combiner pour vous servir
tout ce qu'ils ont de science et de dévouement ; mais qui
les en empêche, qui les retient prisonniers d'État et les
fait crier l'un sur l'autre du haut de leurs bastilles ?

Soyez sûrs que c'est la politique, et que, sans elle, la
paix serait vite signée à votre profit.

Désintéressez-vous donc une bonne fois de ces querelles
de fonctionnaires et de raisons d'État, réalités apparentes
d'aujourd'hui, choses passées de demain.

N'exigez que ce qui peut le mieux vous assurer la paix
intérieure et vous servir : la liberté.

Si un homme venait vous dire qu'il a décrété ce qui

suit.: « Au nom des chemins de fer ! il n'y aura plus ni fleuves, ni rivières, ni canaux. » — Vous vous diriez : voilà un pauvre homme bien malade.

Voilà pourtant ce que fait le dogmolâtre Jacobin, le sectaire républicain, quand, au nom de l'intolérance de son fanatisme athée, il vous ferme les écoles de n'importe quel culte, ou chasse des hôpitaux les sœurs de charité.

Si un autre homme portant une calotte noire au lieu d'une rouge venait vous dire : « Je vais promulguer un « dogme. Au nom des fleuves et des canaux ! j'interdis « l'entrée du Paradis à quiconque ira en chemin de fer, « car il n'est pas parlé de la Science appliquée dans saint « Thomas d'Aquin, et les locomotives sont l'œuvre du « Démon. »

Vous répondriez : dogme ou décret, fantôme, que me veux-tu ?

Et vous penseriez à Jésus-Christ condamné par des dogmes, crucifié par des décrets.

Voilà pourtant ce que fait le sectaire monarchiste, quand il soumet l'enseignement à un fonctionnarisme politico-clérical.

Une fois sortis de leurs prisons et de leurs bastilles, les professeurs et les prêtres ne vous parleront plus ainsi; délivrés de toute politique sectaire, ils seront tout entiers à leurs grandes œuvres sociales, dont tous les bénéfices viendront à vous.

Mettez en concurrence plusieurs compagnies libres de diligences ou de chemins de fer : c'est à qui vous mènera le mieux et à meilleur marché, là où vous voulez aller.

Ce sera exactement la même chose, en fait d'Enseignement national, pour vous comme pour vos enfants.

Chacun de vos pays renferme, en fait de croyants, des catholiques romains, des orthodoxes grecs, des protestants, tous Chrétiens à leur façon, tous bonnes gens, mais dont les évêques divisés par la politique se battent entre eux à coups de dogmes et de grimoires.

Puis viennent les Juifs qui ne se battent pas entre eux, ceux-là.

Puis vient une multitude innombrable de gens qui regardent les précédents, n'y comprennent pas grand'chose, se font leur Christianisme à leur manière, et voudraient bien voir la paix partout; bonnes gens aussi, qui respectent la liberté d'autrui, à condition qu'on ne violente pas la leur.

Vient enfin une poignée d'athées enragés, plus intolérants, plus fanatiques, plus dogmatisants et plus décrétants que tous les cultes politiques réunis, et cela, par politique aussi.

La Patrie n'est rien de tout cela.

Socialement, elle est tout cela ensemble et quelque chose de plus, car elle sera encore, quand tout cela ne sera plus, quand toutes ces oppositions, toutes ces dissonances se seront enfin résolues en une science supérieure et en un Christianisme transfiguré.

Pour le moment, faisons l'œuvre, la création du jour, le pain quotidien de tout le monde.

Donc, pour libérer du fonctionnarisme, de l'État, de toute politique, votre premier capital social, votre richesse intellectuelle et morale, l'Enseignement, pour en avoir vous-mêmes le monopole, par le Suffrage Universel et par la liberté, je vous conseille ce qui suit comme le plus sûr, le plus court et le seul chemin à suivre.

Créez une Chambre de l'Enseignement national, ouverte à tous les représentants élus des groupes de doctrines, sur le pied d'égalité civile que la loi accorde à ces groupes, et avec un nombre égal de représentants par groupes départementaux.

Ouvrez à deux battants cette Chambre aux indifférents, aux libéraux, aux universitaires, aux israélites, aux protestants, aux orthodoxes, aux catholiques; et soyez sûrs que la liberté régnera, et que nulle politique ne mettra plus la main sur cette force sociale : l'Enseignement.

Ceux d'entre vous qui sont pour l'école laïque éliront celui des professeurs laïques qui leur paraîtra le plus éclairé et le plus dévoué.

Les catholiques romains, les orthodoxes grecs, les protestants, les israélites en feront autant : chacun pour soi, liberté et tolérance pour tous.

Quiconque aura reçu l'instruction primaire, pourra ainsi élire les représentants de ce degré à la Chambre de l'Enseignement national.

Même chose pour l'enseignement secondaire, et ainsi de suite, jusqu'à tous les degrés des corps enseignants civils, religieux et militaires.

Faites de vos choix la récompense du travail, du mérite, du dévouement, et vous aurez ainsi dans une Chambre spéciale et pour un but nettement spécialisé, de bons et solides spécialistes représentant vos intérêts, votre jouissance du capital intellectuel et moral de la Patrie.

Une fois dans la même Chambre, ces députés spéciaux auront bien envie de se regarder un peu de travers, comme dans la Chambre actuelle se regardent les différents partis, comme autrefois, à l'Académie, le fougueux évêque d'Orléans et le bon Littré ; mais cela n'ira pas plus loin, et l'on n'en viendra même pas aux discours de réception.

Comme cette Chambre de l'Enseignement national, élue par le peuple tout entier, ne sera pas payée pour ne rien faire, on se mettra vite au travail, afin que, dans tout le pays, il n'y ait plus un marmot qui n'ait sa part de vêtements scolaires, de livres, de gymnase, d'éducation et d'instruction, et qui ne puisse, s'il en a les aptitudes, monter jusqu'au haut, couronne en tête, comme un seigneur.

Vous pouvez être certain que, de cette Chambre spéciale en matière d'enseignement, comme de cette émulation de spécialistes élus par vos libres suffrages, sortiront les meilleures lois, les meilleurs programmes, la meilleure éducation nationale et la plus excellente instruction publique que vous ayiez jamais eus depuis qu'il existe des Sociétés.

Quant aux nuances d'enseignement qui ne voudraient pas se faire représenter par le Suffrage, il faut les laisser libres; mais elles resteront alors à la porte de cette Chambre, et du même coup, n'ayant plus sous ce rapport leur part de puissance législative, elles y perdront le droit d'enseigner dans le pays, jusqu'à ce qu'elles changent d'avis.

Dans ce dernier cas, n'imitez pas les sectaires, et ouvrez à deux battants les portes à tout bon vouloir qui rentre au bercail.

Vous sentirez facilement que, de cette Chambre spéciale, expression totale de la pensée et de la conscience nationales, il ne pourra jamais sortir qu'une moyenne excellente de tolérance, de paix des esprits, de solidarité des cœurs.

Vous briserez ainsi, non en détruisant ni en opprimant, mais en créant et en affranchissant, l'alliance des sectes et du Pouvoir par le fonctionnarisme.

Vous tuerez ainsi, en leur donnant une vie commune, dans une même Institution purement sociale, les partis dans leurs germes.

Vous aurez ainsi rendu pour bien des siècles à la Patrie, à votre Mère nationale, un tel service que votre nom sera inscrit en lettres d'or sur le granit et sous ce titre : Créateurs du nouvel Ordre Social.

Par cette voie vous sortirez de la double ornière de la politique de conservation ou de destruction, et tout ce que l'un ou l'autre camp renferme de bon viendra semer dans votre champ, et s'unir dans votre œuvre de liberté.

Car notez que des sectes et des partis librement représentés pour travailler ensemble, dans une même enceinte, à une même œuvre sociale d'où toute politique et toute domination sont exclues, ne ressemblent déjà plus à des sectes ni à des partis.

Une telle œuvre est déjà un témoignage de Religion Universelle, d'adoration en Esprit et en Vérité, le culte annoncé par toute l'avant-garde des guides de l'Humanité, la culture pratique, en pleine intelligence, en pleine âme humaine, de l'Éternel Vrai Dieu, de l'Éternel Dieu Vivant, de l'Éternel Dieu Social, dont nous sommes tous les membres dispersés dans l'Univers.

Ce Dieu Social marche sur la Terre comme au Ciel, bien qu'Il ne règne pas encore sur la Terre, malgré l'appel de Jésus-Christ à tous les hommes de bonne volonté.

Je n'entrerai pas ici dans tous les détails d'organisation de cette première Chambre nationale ; car je ne veux dans cette lettre que vous montrer la force organisatrice dont la liberté est susceptible par le Suffrage Universel.

Si j'ai parlé assez simplement, assez clairement à vos

intelligences et à vos cœurs pour les convaincre, je suis heureux.

Vous me demanderez si c'est l'État qui paiera les professeurs, les prêtres, les représentants à la Chambre de l'Enseignement national, les écoles de tout genre : non, mais une autre Chambre, la troisième, dont je vous entretiendrai plus loin.

Quant à l'enfant pauvre, il aura droit à l'instruction primaire réellement gratuite, et les parents recevront pour leurs vieux jours une gratification en argent par chaque enfant, à sa sortie de l'école.

L'examen au concours donnera droit à l'enseignement secondaire, et ainsi de suite.

L'enfant riche qui reçoit l'enseignement secondaire, devra le payer de manière à défrayer en partie l'enfant pauvre, et il sera reconnu publiquement pour son parrain scolaire ; il n'en travaillera que mieux.

Dans les écoles, dans les lycées, il n'y aura plus ni grilles, ni tambours, ni clairons, ni maniements d'armes.

Loin de l'enfance ces appareils et ces instruments, ces emblèmes des rudes devoirs de l'homme fait !

Eloignez de ces pauvres petits les mains brutales, les assombrissements sous lesquels l'âme se révolte ou s'affaisse ; chassez, chassez bien loin ces systèmes iniques des despotes, ces fléaux de l'uniformité tyrannique, ces fantômes insensibles du Jacobinisme et de l'Empire.

La vie, voilà ce qu'il faut donner à l'enfance, vie du corps, vie du cœur, vie de la tête.

Je leur veux l'orphéon, le gymnase, le grand air, la lumière ; je ne veux plus que le professeur soit un garde chiourme, l'enfant, un condamné, l'internat, un bagne.

Je les voudrais tous dans de riantes campagnes, dans de belles fermes ou dans de beaux châteaux.

L'Art partout, ou la Nature : voilà les seuls cadres qu'on doit donner à ces petits visiteurs, pour que l'avenir cesse de regarder le présent d'un air farouche.

DEUXIÈME CHAMBRE

Passons maintenant aux organes et aux représentants de la Législation civile : Chambre législative, magistrature, police, gendarmerie, prisons.

Qu'est-ce que la politique des partis a à faire dans tout cela ? Rien.

Il saute aux yeux qu'il faut laisser à l'État absolument neutralisé aux partis la police intérieure et étrangère, la gendarmerie et l'armée ; car, sans cela, les directions politiques des autres peuples, grâce à l'état de siège européen, auraient beau jeu pour vous nuire, en dedans et en dehors.

Mais une fois la garde de la forteresse nationale bien assurée, ainsi que la sécurité des rues, des routes et des maisons, que l'État vous laisse en paix jouir de tous vos droits, de toutes vos libertés, et rentrer en possession de ce qui vous appartient.

A qui doivent appartenir la Législation civile, le Code, les députés et les magistrats, à la forteresse ou aux forces libres et créatrices de la Nation ?

Est-il juste, en un mot, est-il sage et prudent que ces deux tiers d'hommes libres laissent la balance de la Justice exposée aux faux poids des partis politiques ?

Faut-il enfin que législateurs ou magistrats soient les salariés, les fonctionnaires d'un Pouvoir exécutif, d'un Gou vernement exposé tous les vingt ans à changer d'écriteau, tous les trois mois à changer de ministère et de mot d'ordre?

Législateurs et magistrats doivent-ils attendre d'un État exposé à de pareils assauts de partisans, distinctions, avancement, retraite?

Non et mille fois non; car rien ne peut être plus funeste à tout un pays, plus préjudiciable à l'excellence des lois, à la majesté de la Justice, que cette confusion du désordre politique avec l'ordre civil, que cette compromission du législateur et du magistrat dans les aventures scandaleuses des partis.

Commençons par les députés qui font les lois.

Ils sont bel et bien aux trois quarts fonctionnaires, puisqu'ils sont salariés par l'État, puisque sous la poussée de leurs groupes politiques, ils en convoitent tous la possession exclusive, puisqu'ils attendent de lui le parvenir, soit comme ministres, soit comme ambassadeurs, des compensations de toute nature dans des administrations de tout genre, des décorations, et enfin une retraite souvent cumulative: le Sénat.

Voyons d'abord comment et pourquoi vous les nommez.

Vous croyez les choisir, et il n'en est absolument rien.

Un parti les désigne pour le représenter, lui et non pas vous, lui, ce parti, plus ou moins à l'escalade de l'État et du fonctionnarisme, que ce parti soit monarchique ou républicain, césarien ou constitutionnel.

C'est ainsi qu'au lieu de législateurs de l'ordre civil, vous avez des oligarches politiques, qui, forcément, se font entre eux la guerre sur tous les projets de loi; c'est ainsi qu'au lieu d'hommes véritablement politiques, dans le sens le plus élevé de ce mot, vous avez le contraire, une guerre civile de politiciens en chambre.

Nous avons vu comment vous les nommez; examinons maintenant pourquoi.

Est-ce pour faire ce que l'expérience de leur spécialité et leur valeur professionnelle, souvent très grande, leur ont appris?

Alors tout irait bien; mais non.

Ils sont nommés avec un blanc-seing signé de vous, avec un plein pouvoir; et vous, vous êtes payés d'un discours ou d'une profession de foi placardée sur les murs.

Professions de foi! Quand donc laissera-t-on en paix la bonne foi des bonnes gens?

Quoi! voilà la Foi qui quitte la Religion pour s'aventurer dans cette bagarre!

Mais prenez donc vos clefs pour siffler de pareilles inepties, pour répondre à ces homélies de crocodiles sur la foi politique!

Foi politique en qui, en quoi? dans les déchirements de la conscience nationale en autant de divisions fratricides et parricides que de partis? c'est ridicule, et c'est odieux.

Il suffit de lire l'Histoire pour être écœuré par la politique, et pour ne lui point accorder l'ombre, non pas même de la foi, mais d'un crédit quelconque.

Ce sont des menottes qu'il faut donner à cette fille de Caïn, et non pas une carte blanche.

Les formes politiques de Gouvernement sont des maladies sociales, dont l'une chasse l'autre; mais pour guérir le mal, il faut aller au fond : la Science le peut, la politique ne le peut pas.

Soyez donc sourds à toute profession de foi; ouvrez l'oreille à toute preuve de savoir.

J'aimerais mieux qu'à tout prêcheur de foi dans un orviétan politique quelconque, donner ma voix au brave garçon qui viendrait me la demander de la manière suivante :

« J'ai une envie démesurée de porter tous les panaches
« et toutes les décorations de la terre, et je connais trop
« les hommes et les partis pour accorder ma foi à aucun.
« Il me semble que c'est le vrai moyen de n'être pas joué
« par eux, et de les rouler à votre bénéfice. Je sais à fond
« telle et telle chose, et en voici les preuves. Je mets
« entre vos mains mon petit programme, depuis A jus-
« qu'à Z. S'il vous plaît, je le signe, en m'engageant à le
« soutenir de toutes mes forces. »

Je me dirais : voilà un franc gaillard qui ne se perdra
pas par la naïveté ; c'est donnant donnant ; et si son savoir
me semblait réel, son programme utile, je lui donnerais ma
voix préférablement à tout faiseur de profession de foi monarchique ou républicaine.

Malheureusement cette franchise est rare, et l'électeur
facile à se laisser abuser, tant que la politique est ce
qu'elle est : le jeu des passions sur l'enjeu des intérêts.

Si un homme venait vous dire :

« Je suis sportsman, écuyer, cocher de première force ;
« mais donnez-moi seulement votre bulletin de vote, et je
« vais être bon à tout faire, toutes les lois du monde,
« toutes les professions, tous les métiers ; je connaîtrai
« tout comme par miracle, une fois élu. »

Vous seriez inquiet pour ce brave homme.

Et si, voyant votre inquiétude, il vous disait : « Vous
« doutez ! Eh bien, sachez que j'appartiens à l'un des par-
« tis qui font notre totale impuissance nationale en
« Europe, et que j'ai en lui une foi absolue. Vous doutez
« encore ? Il faut donc vous dire toute ma formule caba-
« listique. La voici : Vive la Monarchie ou vive la Républi-
« que ! »

Alors, pour tout siège, vous offririez à cet honnête sportsman celui de sa voiture et la route de Monaco, ou du docteur Blanche, au choix.

Cependant, sur des déclarations qui ne sont guère plus explicites, vous nommez les candidats des partis, et vous leur donnez plein pouvoir de se battre à propos de tout, sous prétexte de légiférer sur tout à la fois.

Alors, au lieu d'exprimer à la Chambre le langage pratique de son savoir et de son expérience, des idées à lui que vous connaissiez bien, le politicien va politiquant, il crie et pousse avec sa coterie vers l'État, si son parti en est le maître, et, dans le cas contraire, contre l'État, pour entrer dedans, mais toujours pour vous gouverner.

C'est ainsi que tout va de travers, à la débandade, qu'une Chambre est une émeute en permanence où l'on se bat en s'envoyant à la tête tous les intérêts d'un pays ; c'est ainsi que, par une Chambre à tout faire, aucune réforme utile ne peut être apportée au Code ni à la Législation.

Retenez bien les pensées qui vont suivre, vous, Européens, qui possédez ou posséderez la Souveraineté Populaire.

Pour vous comme pour les Souverains, le régime électoral est excellent, et pour porter tous ses fruits, il doit être total, sans restrictions, sans entraves politiques.

Le danger du Suffrage Universel, le seul, ce n'est pas l'électeur, c'est le député.

Le Suffrage peut être universel sans l'ombre d'un inconvénient, le député, le mandataire, le mandat, jamais.

Et pour que le Suffrage soit réellement universel, pour qu'il produise tout le bien que, Peuples ou Souverains, vous avez droit d'en attendre, il faut que le député soit spécial en lui-même et spécialisé par vous dans son mandat, d'une manière aussi précise, aussi étroite, aussi pratique que possible.

C'est là le fond du problème électoral, fond social, et sa vraie solution, autrement importante pour les électeurs que les questions de forme telles que les scrutins de liste ou d'arrondissement.

C'est pourquoi, triplant les pouvoirs actuels des électeurs, je leur conseille de diviser ceux de leurs mandataires en trois catégories bien tranchées, en trois Chambres bien distinctes : 1° Chambre de l'Enseignement national; 2° Chambre de la Législation nationale; 3° Chambre de l'Économie nationale.

Vos forces, vos droits, vos libertés en seront triplés ; les forces, les droits, les libertés de vos députés en diminueront dans la même proportion.

Êtres intelligents, vous avez droit, gratuitement, si vous êtes pauvres, non seulement à l'école, mais à tous les cours, aussi bien qu'aux théâtres et aux concerts; car tout cela est, ou doit être l'instruction et l'éducation nationales, jamais obligatoires, — à chacun sa liberté, — mais gratuites pour les braves gens qui n'ont pas assez d'argent.

Êtres moraux, vous avez le droit de faire mettre tout cela dans la Loi, de perfectionner vos Codes à mesure que les coutumes, les usages se perfectionnent, par suite d'une culture humaine de plus en plus savante, d'une Civilisation de plus en plus puissante, et qui entraîne une économie et des besoins de plus en plus précis.

Énergies actives qui contribuez si courageusement, si

patiemment à créer la richesse nationale et l'épargne publique, travailleurs et artistes merveilleux que tous les peuples de la terre admirent et cherchent vainement à imiter, vous avez le droit, vous avez le devoir de savoir sans aucune obscurité où va cette richesse, par où passe cette épargne, dans quels gouffres elle stagne, et quels lits il faut lui creuser pour qu'elle coule au soleil d'une manière normale, et retombe en rosée bienfaisante sur votre champ d'activité.

Donc, électeurs, vous valez trois députés ; donc il vous faut, non pas un député politicien à tout faire avec carte blanche, mais trois spécialistes avec trois mandats spéciaux ; donc l'ordre triple de vos intérêts réclame, non une Chambre à politiquer aux dépens de tous vos intérêts à la fois, mais trois Chambres bien distinctement spéciales, chacune à sa besogne pratique.

Alors, quand vous aurez ainsi triplé votre puissance en divisant les pouvoirs de vos représentants, vos libertés et vos droits règneront réellement par le Suffrage Universel, et tous vos intérêts en recevront leur pleine et entière satisfaction.

Quelques considérations encore sur la seconde Chambre.

La première condition pour perfectionner un Code, c'est de le connaître, ainsi que les usages nouveaux qui motivent et commandent le besoin de nouvelles lois.

Vos meilleurs auxiliaires, dans ce cas, après vous-même, vos plus sûrs outils sont les magistrats les plus expérimentés, les conseillers d'État et ceux de la Cour de révision des Comptes.

Vous devriez avoir auprès d'eux des commissions d'études, vous, avant le vote, et non vos députés une fois élus.

Ce que je vous dis ici, mes enfants, s'adresse également à tous les électeurs, à tout le Suffrage Universel, à tous ceux enfin qui forment ces deux tiers d'hommes libres qui sont les forces créatrices de la Nation.

Mais, me direz-vous, les magistrats sont des fonctionnaires du Gouvernement ; ils reçoivent la pression politique soit du Pouvoir exécutif, soit du ministère.

En pensant ainsi vous m'aurez bien compris, et vous aurez effectivement mis le doigt sur une plaie.

La Loi, la Justice, doivent être en effet, non les servantes, mais les maîtresses du Pouvoir.

Cependant, tant qu'il n'en sera pas ainsi, vous pouvez former vos commissions d'études avec des magistrats retraités.

Ce sont encore les Jacobins qui vous ont raconté que les vieux ne valaient plus rien.

Mais s'ils ne sont plus bons pour l'action, ils sont les meilleurs pour le conseil ; et encore les vieux lions, même au combat, surpassent souvent les jeunes.

N'est-ce pas une perte de capital national que la manière fonctionnariste et brutale dont, par la retraite, on réduit la vieillesse à l'inutilité publique ?

Ils sont pourtant bons à quelque chose ces pauvres vieux, que j'aime autant que les petits enfants ; ils ont le cœur et la tête pleins d'expérience acquise ; ils en ont beaucoup à vous raconter ; ils aiment ceux qui les écoutent avec respect, quand ils agitent les lèvres et les enseignements de leur longue vie.

Donnez à l'enfant la Science à mesure qu'il gravit la vie,

et recevez pieusement du vieillard la Sagesse qui, avec lui, va bientôt descendre et s'éclipser, pour remonter et resplendir ailleurs.

Parlez-leur de vos maux, de vos besoins, des réformes que vous voulez, et ils seront vos meilleurs guides dans vos commissions d'étude.

Quant aux avocats, ne les employez que pour porter la parole, et quand les idées auront été déjà mûries et fixées.

Les pauvres ont droit à la gratuité de la Justice, à la modification des droits du fisc sur leurs maigres héritages; de même que les riches, ils devraient pouvoir tester entre leurs enfants comme ils l'entendent, et cela rendrait à ces derniers le respect filial plus obligatoire.

Il faudrait un gros livre pour vous indiquer tous les perfectionnements dont vos Codes ont besoin, réforme de la procédure judiciaire, réforme des systèmes soit préventifs, soit pénitentiaires, réformes de tout genre enfin, jusqu'à celle de la loi sur les associations.

Car l'Humanité et votre Patrie ont marché depuis les Romains, et elles vont en chemin de fer depuis les faux Romains du Jacobinisme et de l'Empire.

Des spécialistes sans aucun souci d'ambition politique peuvent seuls étudier avec vous et à fond ces réformes spéciales, et vous les mener à bien.

Mais, me direz-vous, le spécialiste sérieux, qui n'a pas d'ambition politique, ne vient pas à nous, il cache sa vie pour qu'on le laisse tranquille.

Et puis, nous qui portons le poids du jour, nous sommes humbles et fiers à la fois; nous acceptons les conseillers qui viennent à nous; mais nous n'allons pas les chercher.

Permettez-moi de vous dire, mes enfants, que c'est un grand tort, un immense danger, le plus grand de tous pour tous vos intérêts ; c'est pour vous le moyen certain d'être les dupes et les victimes des politiciens.

Faites donc le contraire, et sachez user dignement de tous les droits que vous donnent et la liberté et l'égalité civile.

Sonnez toutes les cloches pour écouter tous les sons ; informez-vous, cherchez, demandez, frappez ; allez carrément à l'homme utile, au travailleur, au spécialiste d'une de vos questions, à ceux surtout qui ne tapent pas sur les grosses caisses de la popularité, qui ne font ni bruit, ni embarras.

Ce sont là vos vrais auxiliaires, les vraies nouvelles couches à remuer pour y faire germer vos réformes ; et je vous réponds que pas un de ces hommes là n'est capable, non seulement de ne pas vous bien accueillir, mais même de ne pas se mettre avec cœur à votre service.

La magistrature et la puissance législative sont sœurs : affranchissez-les du fonctionnarisme et elles cesseront d'être les gardiennes inertes d'un Code devenu trop étroit.

Ouvrez-leur à deux battants les portes d'une belle et bonne Chambre de la Législation civile, et vos libertés, vos droits, vos besoins seront bien servis.

Dans le programme que je vous expose, cette seconde Chambre ne serait plus payée par le Gouvernement, mais par la troisième Chambre dont je vais vous parler.

TROISIÈME CHAMBRE.

Nous passons à la Chambre de l'Économie nationale.

Elle devra représenter tous les intérêts économiques du pays, librement, sans aucune intervention de la politique soit des partis, soit du Gouvernement.

Elle devra régler toutes les questions aujourd'hui abandonnées à vau-l'eau, depuis celles de la Bourse, de la haute et basse Banque, des établissements de crédit, des agences de change et de la coulisse, jusqu'aux questions relatives aux industries des villes et des campagnes ; depuis les grandes et les petites compagnies jusqu'à l'organisation de la liberté d'association, jusqu'aux moyens de vous assurer une retraite au bout de votre vie de labeur.

Il est évident que, pour être bien servis dans cette chambre spéciale, vos syndicats ont intérêt à y envoyer les meilleurs spécialistes possibles, longuement étudiés par vous dans vos commissions économiques, de même que les syndicats de la Finance, de l'Industrie, de l'Agriture et du Commerce y enverront leurs délégués spéciaux.

Alors, pour la première fois, la Nation connaîtra exactement toute sa richesse intérieure, coloniale ou mobilisée au dehors ; elle la fera jaillir au décu le de ses sources connues, au centuple en frappant du sceptre de la Science le roc inerte de la routine.

Elle fera couler ces fleuves d'or et ces rivières d'argent avec sagesse dans tout le pays, comme le sang circule à travers tout le corps humain, non pour y stagner dans des engorgements, mais pour y exciter et réparer en tous sens la vie de tous les organes associés.

Et toute cette belle et bonne organisation, toute cette administration scientifique de la richesse nationale pansera vos blessures, comblera les vœux de vos durs labeurs, et apaisera enfin les angoisses qui pèsent sur vos vaillantes poitrines, quand ces cauchemars viennent s

poser : la maladie, le chômage, la vieillesse, le sort à
venir de la femme, des filles et des garçons.

Voilà, mes enfants, l'arrivée facile et certaine du Suffrage Universel dans la liberté, par la liberté.

Ainsi, grâce à ces trois Chambres spéciales, tous vos
intérêts seront menés et servis de front sans confusion,
sans demeurer comme aujourd'hui dans le même panier,
à la merci d'une oligarchie, marchepied fatal de la Dicta-
ture et du Césarisme.

Quant à l'État, que je distingue partout et toujours du
Gouvernement, vous voyez que, dans ce programme, il
n'est pas du tout décentralisé, bien que le Gouvernement
le soit.

Quand ces trois Chambres siégeront, ayant à leur tête,
élus par elles, la première son Primat, la seconde son
Justicier, la troisième son grand Trésorier, je ne vois pas
en quoi l'État national sera amoindri, je le vois au contraire, avec sa couronne de forteresses et sa ceinture de
canons, autrement imposant qu'aujourd'hui et que jamais.

Mais en ce qui regarde le Gouvernement dans de pareilles
conditions, je ne vois pas, et cela pour la première fois
depuis des siècles, la possibilité qu'aucun parti s'en sai-
sisse jamais, à moins que vous ne le vouliez trois fois et
du fond de tous vos intérêts ensemble.

Les ministères, sur le même plan que les grandes compagnies d'intérêt public, auraient, chacun, son conseil
d'administration responsable devant les Chambres, et s'y
rattacheraient comme il suit :

A la première Chambre tous les Corps enseignants : Instruction publique, Cultes, Guerre, Marine, Beaux-Arts, Arts et Métiers ; mais en tant que Corps enseignants seulement.

Car, en tant que défense nationale, la Guerre et la Marine ne ressortiraient que de l'État ; et ce dernier seul, appuyé sur les trois Chambres à la fois, aurait exclusivement le droit de paix ou de guerre, comme celui de battre monnaie, et de faire la police intérieure et étrangère.

En un mot, l'État serait le grand organe exécutif, l'épée debout, inaccessible, dont seule, la Nation tout entière, par trois Chambres réunies, pourrait empoigner la garde, sans que jamais une ambition politique quelconque pût tourner la pointe sur la Patrie.

A la seconde Chambre se rattacheraient la Justice et les Affaires Étrangères qui prendraient, dans ce cas, le nom de Justice Extérieure, la police extérieure restant à l'État.

A la troisième Chambre enfin : Finances, Agriculture, Commerce, Travaux Publics, Consulats, un ministère des Syndicats Ouvriers, et un ministère de la Marine Commerciale.

Ainsi, par la première Chambre, la Science, l'Enseignement Universel, l'universelle tolérance, la culture de toutes les âmes, de tous les esprits, de tous les corps, le Christianisme intégral de tous les Chrétiens réunis sans distinction de dogmes, appelleraient à eux tout le capital intellectuel et moral du pays, toutes les volontés, toutes les destinées à prendre leur totale envergure pratique dans le redressement complet, dans la transfiguration suprême de la Patrie.

Ainsi, par la seconde Chambre, la grande Politique, celle du perfectionnement indiscontinu de la Législation, de l'étude incessante des besoins généraux, des usages, des coutumes, des mœurs, celle de la Justice gratuite, celle de l'accomplissement de tous les droits, même le droit au repentir et à la grâce sous condition d'actes de dévouement, même le droit du forçat libéré à n'être pas repoussé comme une bête fauve, à plus forte raison le droit du pauvre à trouver immédiatement le vivre, l'abri, le vêtement propre et le travail, — cette grande, cette vraie Politique, faite d'Équité et d'Humanité, trônera, là, où grouille aujourd'hui la *politicaillerie* des partis.

Par la troisième Chambre enfin, la richesse nationale scientifiquement étudiée, organisée, développée et répartie ne laissera plus de pauvres travailleurs que leur travail ne puisse enrichir, et leur donnera gratuitement la Science, l'Art, le bien-être et leur part de jouissances délicates, fruits du génie et du talent des artistes rendus à leur véritable mission.

RÉSUMÉ

Voilà un programme simple et précis.

Il consiste à toucher à votre profit la source des harmonies sociales, les cordes vierges encore d'un instrument nouveau du Suffrage Universel, l'*instrument des spécialités*.

Vous en ferez sortir des choses merveilleuses.

Car, sachez bien, mes enfants, que, pour la plupart, déplorables comme hommes de parti, discordants sur tous les intérêts généraux du pays, faussés par l'ambition d'un Pouvoir impuissant, ces mêmes politiciens sont d'admirables spécialistes, et, comme tels, pleins de science et de conscience, de valeur et de talent.

Une telle Nation ne peut pas périr; elle ne peut, encore une fois, que se transfigurer.

Cette transfiguration ne peut être l'œuvre que de la Souveraineté, où qu'elle soit, en haut, dans la Couronne, partout, dans l'électeur.

Usez donc une bonne fois avec science du sceptre que vous donne le Suffrage Universel, non pour détruire, mais pour créer, non pour renverser, mais pour édifier des Institutions appropriées au monde nouveau, qui partout, se lève de l'ancien.

Mais que tout cela soit haut, vaste, solide, établi sur de larges bases; qu'on y reçoive l'air et la lumière à flots; que les générations présentes s'y sentent à l'aise, en pleine possession de toutes les promesses, de tous les droits, de toutes les libertés, de tous les héritages que leur a légués le passé ; et que l'avenir y puisse naître et se lever, sans que son front brise les coupoles, et les fasse crouler sur vos têtes.

Dans la *Mission actuelle des Souverains*, j'ai donné à ce Gouvernement nouveau ce nouveau nom : LA SYNARCHIE, comme qui dirait l'association de tous, le *Totalisme*, au lieu du *Nihilisme*.

J'ai montré qu'au point de vue international, la *Synarchie européenne* était le seul résumé pratique et possible de toute l'histoire de l'Europe depuis deux mille ans, le seul *Gouvernement Général* capable de substituer à la ruse et à la force, la Science, l'Équité et la Civilisation.

Dans cette lettre, je n'ai voulu que vous indiquer combien, même dans les plus menacées des patries européennes, la *Synarchie intérieure* et exclusivement nationale était, pour vous comme pour tous, la seule chose pratique et profitable.

Au lieu de les détruire comme la politique destructrice qui vous oppose à eux, comme la politique conservatrice qui les oppose à vous, la Synarchie nationale vous rendra seule vos vrais moyens d'affranchissement, vos forces publiques libres : Science, Justice, Richesse.

Quel est le parti qui peut aujourd'hui présenter un pareil programme offrant à tous les nationaux ensemble de pareils avantages, de pareilles garanties ? Aucun.

Quel est le parti qui ne puisse pas se rallier à la Synarchie, et y retrouver tout entière toute la vie de tous, réassociée en pleine liberté? Aucun.

Quel est le parti qui peut aujourd'hui, prétendre réassocier les autres à lui par la domination et le fonctionnarisme, sans entasser des montagnes de cadavres, faire couler des fleuves de sang, crouler lui-même dans l'émeute tôt ou tard, et continuer à faire rouler la Patrie vers l'abîme, à travers les rouges ornières des réactions et des révolutions? Aucun.

La Synarchie n'est donc pas un parti politique dans le sens actuellement dévié de ce mot; elle est le seul parti national à prendre pour tous les partis à la fois.

Être Synarchiste, c'est être un homme absolument libre dans une Patrie qu'on veut voir absolument grande et prospère, scientifiquement gouvernée et gérée par un triple conseil de spécialistes sérieux travaillant pour tous, en plein soleil, au vû et au sû de tous, au gré et au profit de tous.

Vive la Synarchie à tout jamais!
Vivent à tout jamais les Synarchistes!

ADIEU

Vous le voyez, mes enfants, ce que je vous propose est tellement nouveau, la Synarchie touche tellement au fond et au sommet de la Nation et de toutes les nations, que la République ne la gêne pas plus que la Monarchie.

Gardez donc au faîte de l'État quiconque s'y trouve, Président ou Souverain.

Accomplissez votre création par tous les moyens légaux que vous accorde le Code.

Faites de ce programme le mandat de vos députés, mettez-le dans la bouche de vos orateurs, sous la plume de vos écrivains, mettez-le avant tout dans vos cœurs comme une bonne nouvelle pleine pour vous d'espérances et de certitudes.

Ne doutez plus : l'avenir est là.

Quand vous le verrez bien clairement, soyez invincibles dans votre volonté lente, progressive, paisible, et que rien ne la fasse plus dévier de sa marche ni de son but, rien, ni ce que les politiciens voudront faire, pour vous ressaisir, ni les pierres qu'ils jetteront vainement contre cette œuvre.

On n'enraye pas l'irrésistible cours du temps, on n'arrête pas dans ses périodes organiques la perfectibilité des Nations ; et rien ne vous empêchera, et, après vous, l'Europe entière de trouver dans la Synarchie la fin de la phase de transition dans laquelle nous sommes encore attardés.

Graine imperceptible aujourd'hui, l'idée de la Synarchie est déjà semée partout ; et elle sera un jour l'arbre gigantesque sous lequel tous les peuples viendront se reposer en paix.

Il fallait, croyez-le, plus qu'une ambition humaine, il fallait une conviction profondément ancrée sur d'inébranlables certitudes et absolument libre de tout autre mobile que le service de la Vérité, pour heurter de front tous les préjugés politiques à la fois, comme j'ai dû le faire dans cette lettre, après l'avoir fait dans la *Mission actuelle des Souverains.*

Dans ce premier livre, j'ai donné le Cosmos de la *Synarchie européenne ;* dans cette brochure, je mets entre vos mains et je confie à votre garde le Microcosme de la *Synarchie nationale.*

Les convictions et les certitudes scientifiques que vous trouvez ici condensées en quelques pages, me commandaient ce témoignage populaire : il est fait, après de mûres réflexions.

J'ai purifié ma pensée et ma conscience pendant vingt ans pour que l'image totale de la Patrie pût s'y réfléchir dans le travail et dans la méditation ; je vous la donne telle que je l'ai vue, éblouissante, à l'avant-garde des Nations, pressant, heureuse, tous ses enfants heureux sur sa puissante poitrine.

Puissiez-vous la voir ainsi, et reconnaître vos espérances dans ces quelques pensées, lambeaux palpitants de mon amour pour Elle et pour vous.

Documents manquants (pages, cahiers...)
NF Z 43-120-13